AF330629

DES

INTÉRÊTS OPPOSÉS AUX OPINIONS

EN TANT QUE SEUL OBJET LÉGITIME

DE LA REPRÉSENTATION NATIONALE

IMPRIMERIE TYPOGRAPHIQUE
GRAND DURAND
ET COMP.
TOULOUSE

DES
INTÉRÊTS OPPOSÉS AUX OPINIONS

EN TANT QUE SEUL OBJET LÉGITIME

DE LA

REPRÉSENTATION NATIONALE

PAR

M. D'ANSELME DE PUISAYE

ANCIEN OFFICIER SUPÉRIEUR

TOULOUSE

L. HÉBRAIL, DURAND & Ce, LIBRAIRES-ÉDITEURS

5, RUE DE LA POMME, 5

—

1871

APERÇUS PRÉLIMINAIRES

L'avènement de la libre-pensée a inauguré dans le monde l'ère du charlatanisme.

Jamais, avant cette triste époque, on n'avait vu les masses se diviser aussi complétement en deux classes, dont l'une, celle des meneurs, *se sert des mots pour faire des dupes*, et dont l'autre, celle des menés, semble se faire un devoir d'*être toujours dupe des mots* et d'agir en conséquence, en dépit des leçons réitérées de la plus dure expérience.

La religion, la science, la politique ont eu dès lors leurs charlatans en titre.

La chaire, même catholique, la tribune, la presse, mais surtout cette dernière, se sont transformées en tréteaux du haut desquels les libres-penseurs ont jeté à la foule certains mots à effet, d'autant plus sonores et retentissants, qu'ils sont plus vides de tout sens conforme à la réalité, tels que *liberté, réforme, égalité, démocratie, progrès*, et autres, qui nous ont mis dès lors et nous tiennent encore en révolte ouverte, non-seulement contre la loi divine et contre toutes les lois humaines qui en dérivent, mais contre nos plus chers intérêts et notre dignité d'hommes elle-même.

Séduisants peut-être en théorie pour les esprits superficiels, ils n'ont su, dans l'application, engendrer que des monstres : le scepticisme en toutes choses au lieu de la certitude, les ténèbres au lieu de la lumière, et l'anarchie ou le despotisme au lieu de la liberté promise; puis la guerre sans cesse renaissante et la terreur au lieu de la fraternité et de la paix universelle, l'impôt toujours croissant et la ruine au lieu du gouvernement à bon marché et du bien-être général; et enfin, au lieu de l'émancipation et de l'exaltation indéfinie de l'humanité, son asservissement progressif et sa dégradation au niveau de la brute.

Singulière contradiction, du reste! c'est à la raison, à son infaillible et suprême tribunal que l'on en appelle d'abord sur toutes les questions jusqu'ici ressortant du témoignage, soit des hommes, soit de la divinité elle-même; puis à cette raison souveraine, on oppose sans hésiter, comme concluants, les faits les plus incertains et les plus mal observés. En dépit du principe éminemment rationnel qui ne permet pas d'attribuer à une matière inerte et inconsciente le pouvoir de créer un être organisé dont une intelligence n'aurait pas d'abord conçu le plan, on admet des *générations spontanées* qui donneraient le plus complet démenti à la raison et à toutes les notions du vrai, dont elle est pour nous le révélateur après Dieu.

Sous prétexte de ne croire que ce que l'on comprend, on s'est mis en révolte contre le monde de *l'incompréhensible* qui nous enveloppe et nous presse de toutes parts; et pourquoi? pour se plonger et se noyer comme à plaisir dans la pleine mer de *l'absurde*.

A la force, n'agissant qu'aux ordres du droit et comme sa vassale, on a substitué le prétendu droit de la force ou du nombre.

La souveraineté n'a plus été admise comme venant d'en haut ; c'est d'en bas qu'on a prétendu la faire surgir, c'est-à-dire du sein du peuple ou des multitudes, mais en se réservant de plier artificiellement la volonté populaire au gré des partis ou dans leur intérêt.

A la représentation des *intérêts sociaux*, en tête desquels figure l'intérêt religieux, et qui seule est légitime ou de droit naturel, comme seule elle est le vrai lien des sociétés, on a substitué celle des *opinions* qui enfante les partis et perpétue avec eux et par eux l'ère des révolutions sans terme.

Le *droit divin*, c'est-à-dire la loi qui fait remonter à Dieu le principe de toute subordination dans l'Etat, dans l'union conjugale, dans la famille, a dû faire place à des droits de pure convention ou convenance : au droit de l'intrigue ou de la conspiration réussie, au droit de l'émeute ou de la surprise armée, au droit du fait accompli. Et ainsi s'est fait jour dans le monde l'ère des aventuriers, qui, sous les divers noms de Danton et de Robespierre, de Barras et de Bonaparte, puis du roi *citoyen* et de l'empereur *carbonaro*, suivis à leur tour de Gambetta et de Crémieux, ont successivement mis la main au creusement du gouffre où sont venues s'engloutir la fortune, la gloire, l'intégrité territoriale de la France.

Les charlatans ont tout promis, c'était leur métier, sans rien pouvoir tenir, cela va s'en dire ; il n'en pouvait être autrement.

En religion, ils ont proclamé la *tolérance*, et ils ont, du premier jour au dernier, pratiqué la proscription dans des proportions toujours croissantes, toujours plus entachées d'une haine allant jusqu'à la rage, avec la spoliation ou le brigandage légal pour auxiliaire.

L'Inquisition, flétrie par eux, en tant que pratiquée au nom de la vérité religieuse, prend droit de cité chez eux au service de l'erreur. On est libre d'être franc-maçon, solidaire, *carbonaro*; on ne l'est pas d'être trappiste ou jésuite, ou membre d'une société catholique de bienfaisance.

La liberté de conscience, que l'on réclame contre Dieu et contre son représentant sur la terre, disparaît devant l'Etat, qui en devient le régulateur et au nom de qui on déclare *qu'on ne peut permettre* à l'individu de choisir sa religion, parce que l'homme n'a pas le droit d'adhérer à l'erreur.

En politique, les charlatans empruntent à la liberté le nom de *libéraux*, et c'est sous ce masque que les libertés légitimes rencontrent en eux leurs plus mortels ennemis ; que les ordonnances Feutrier sont imposées par eux au pouvoir contre le libre enseignement catholique ; que le monopole universitaire parvient à son apogée sous le règne du juste-milieu ; que M. Daru, d'accord avec le *Correspondant* et certains évêques dévoyés, intervient, au nom du pouvoir temporel, contre les libres délibérations de l'Eglise assemblée.

Toujours et partout les mêmes, bien que, sous des noms et des masques divers, ils mentent pour séduire les simples et faire ainsi des partisans à leurs fictions ; ils mentent pour discréditer la vérité au profit de leurs rêves impies ; ils mentent par spéculation ou pour le seul plaisir de tromper et de corrompre ; ils mentent pour mentir.

En politique comme en religion, le mensonge, la fiction, l'utopie, prennent partout, avec eux, la place des réalités positives, et tandis que la foi se retire devant la libre pensée, et la loi divine devant la morale indépendante, avec eux, la législation substitue les *opinions* aux *intérêts* pour la représentation nationale, comme condition du nouvel édifice social.

C'est ainsi qu'aux *sectes*, dans le domaine des croyances, viennent se joindre les *partis*, dans celui de la politique, et que s'opère ce funeste abâtardissement des caractères qui, d'un côté, privés de tout principe immuable, de toute ferme notion des *droits* et des *devoirs*; abandonnés, d'autre part, à l'isolement par la destruction de toute libre existence commune dans la cité comme dans la province, ne savent plus prendre par eux-mêmes aucune détermination virile au milieu des secousses de l'état et des tentatives sans cesse renouvelées des usurpateurs de pouvoir.

Ainsi encore a-t-on vu les masses hébétées se ranger successivement sous chaque nouveau régime acclamé d'abord par un petit nombre, et que, après un retour passager du droit sur le trône, mais trône assis sur l'échafaudage révolutionnaire, elles se sont empressées de dire oui à l'usurpation du roi des barricades, puis à la république des Barbès et des Ledru-Rollin, puis à l'échappé de Forli et de Ham, et enfin à la république Gambetta.

Et comment n'en serait-il pas ainsi, lorsque, entre les surveillants (*episcopi*) préposés à la doctrine sainte, il s'en trouve toujours qui abondent dans le sens révolutionnaire et qui, non contents de montrer le salut social dans l'aveugle adhésion des peuples à tout fait accompli, conspirent avec le pouvoir ainsi fondé pour bâillonner la voix de l'Eglise!

Artisans de notre propre malheur, si nous voyons notre France, jadis si glorieuse et si forte grâce à l'union de ses enfants, réduite aujourd'hui, par suite de leurs divisions, à courber la tête sous les fourches caudines d'un ennemi dont nous avons fait bêtement la puissance, si nous la voyons ruinée par les dévastations et les taxes de guerre, démembrée par les exigences du vainqueur; si, dans cette crise fatale, nous n'avons pas trouvé autour de nous un seul allié, — reconnaissons dans ces faits notre ouvrage aussi bien que celui des aventuriers que nous avons laissés s'emparer tour à tour du pouvoir et suivre, au dehors comme au dedans, la politique qui devait tout perdre.

Un moment de répit nous est donné par la divine Providence; saurons-nous du moins le mettre à profit?

D'abord, pour reconnaître, dans nos désastres, le juste châtiment dû à nos crimes et à nos désordres dans l'ordre religieux et politique, c'est-à-dire, et avant tout, dans l'oubli où nous sommes généralement tombés de ce qui est dû au souverain auteur de toutes choses sous le rapport d'un culte et d'une morale également obligatoires, comme aussi du principe politique sur lequel reposait l'antique constitution de la France; — puis, pour revenir, sur chacun de ces points, à la vérité si fatalement abandonnée.

Si l'on s'en rapportait aux apparences, à ces signes extérieurs qui seuls peuvent nous servir à préjuger l'état des esprits et des cœurs, nous serions loin, bien loin encore peut-être des dispositions qui doivent nous ramener au but.

L'égoïsme dénaturé qui a pu faire dire à *la faction républicaine : Périsse la France plutôt que la République!* et qui a poussé *la faction impériale* à vendre, par un pacte de Judas, les possessions de l'Eglise à la révolution italienne, semble encore l'emporter dans *la faction libérale* sur l'amour que tout cœur bien né doit à sa patrie après Dieu.

Une partie de cette faction se pose, en effet, au milieu de nos désastres, comme si leurs brûlantes leçons n'avaient pu rien lui apprendre, comme si elle était providentiellement *vouée*, ainsi que les deux autres, la République et l'Empire, à courir au-devant d'une réprobation, d'une exécration universelle et justement méritées par les nouvelles épreuves dont sa ténacité à maintenir la France en révolution ne manquerait pas d'être pour nous la source.

Espérons qu'il n'en sera pas ainsi, que l'amour de la patrie, que la noble et généreuse passion de la voir reconquérir son rang par le concours de toutes ses forces réunies, l'emportera dans tous les cœurs, comme dans celui de nos princes, sur l'esprit de faction, et que l'homme d'Etat placé en ce moment au timon des affaires voudra couronner sa carrière politique par le retour au vrai que réclament à la fois la raison, la religion, le salut du pays et la civilisation elle-même.

Que si, aux garanties de fixité exclusivement offertes par le principe d'une hérédité placée au-dessus des flux et reflux de l'opinion et de l'antagonisme des partis, on objecte le peu de solidité dont aurait fait preuve la restauration de ce même principe, de 1814 à 1830, nous répondrons que cette faiblesse a tenu au caractère incomplet de la restauration alors opérée. Il ne suffit pas que la légitimité se montre au sommet de l'édifice social; elle en doit encore cimenter la base. A la base de la monarchie traditionnelle, seule légitime en France, doit donc se produire la *seule représentation légitime*, celle des intérêts sociaux; et c'est à défaut de cette indispensable condition que le gouvernement restauré en 1814 a dû de se voir en butte aux incessantes attaques des partis, dont la coalition a fini par le renverser, après quinze années de luttes et en dépit de l'ère de prospérité en tout genre qu'il avait inauguré pour la France.

C'est de cette condition et de sa mise en harmonie avec les éléments actuels de la société que nous allons traiter sommairement dans les pages suivantes.

DES

INTÉRÊTS OPPOSÉS AUX OPINIONS

EN TANT

QUE SEUL OBJET LÉGITIME DE LA REPRÉSENTATION NATIONALE

———

I

Entre les divers mobiles dè l'activité humaine, dans les champs de la politique, les principaux, sinon les seuls, sont évidemment les *intéréts* et les *opinions*.

Toujours, en effet, au milieu de mille causes plus ou moins apparentes qui se croisent en tous sens et dont l'influence est ainsi soumise à des modifications sans nombre, se manifeste, comme mobile déterminant, soit un *intérêt*, soit une *opinion*.

Ces deux grands ressorts agissent, du reste, selon les temps et les lieux, soit ensemble et comme d'accord, soit séparément, et parfois aussi, comme le montre l'expérience de chaque jour, dans une formelle opposition l'un avec l'autre.

De leur lutte et de leur choc naissent alors dès mouvements sociaux tout à-fait opposés, suivant que l'un ou l'autre domine.

Quand les *opinions* prennent le dessus, on voit trop souvent les *intérêts* abdiquer leur propre cause et se laisser traîner par elles à la remorque; puis, au jour de l'inévitable naufrage, rompre leur chaîne pour se prendre en toute hâte, et bien aveuglément parfois, au premier point du rivage qui s'offre à eux comme un port. L'histoire de notre siècle présente plus d'un exemple de corréactions des *intérêts* contre l'action torrentielle des *opinions*. C'est ainsi qu'on les a vus, pour s'arracher aux mains de l'anarchie, se grouper successivement sous l'épée d'un soldat, autour d'une royauté citoyenne, puis à l'ombre d'un nom synonyme de force. Mais le fait le mieux caractérisé en ce genre est celui qui s'est produit dans les dernières élections. La réaction des *intérêts* contre l'*opinion* devenue au pouvoir s'y est montrée tellement énergique que, triomphant de toutes les mesures prises par les républicains, de toutes les entraves apportées par eux à l'exercice du vote, des fraudes, des violences ouvertement mises en usage, elle a fait entrer à l'Assemblée nationale, sur les sept cents membres dont elle se compose, plus de cinq cents représentants du principe conservateur ou monarchique.

On a dit de l'*opinion* que sa puissance était irrésistible, qu'elle était la reine du monde! Oui, lorsqu'on ne sait pas lui opposer, pour contre-poids, la libre action des droits appartenant aux intérêts sociaux. En présence de cette autre force libre d'entraves, les *opinions* perdent la plus grande partie de leur prestige et de leur pouvoir sur les masses. Elles peuvent jouir encore, dans une certaine mesure, d'un moment de faveur usurpée; mais bientôt elles passent comme autant de rêves de l'imagination et sans avoir réussi à jeter un désordre sérieux au milieu des réalités de la vie sociale.

II

L'*opinion* proprement dite est la fille du doute. Elle a fait son apparition dans le monde avec le premier sophiste. *Avoir une opinion* (si l'on ne fait pas un faux emploi de ce terme), c'est n'avoir pour soi, sur ce dont il s'agit, ni la sanction divine qui donne la *foi*, ni le témoignage des faits sur lequel repose la *science*. Ce n'est pas *croire*, ce n'est pas davantage *savoir* : c'est *supposer*, *penser*, *être d'avis* (*opinari*) et rien de plus. Et, ni les violences avec lesquelles se manifestent parfois les *opinions* dans l'ordre religieux et politique, ni les sophismes dont elles s'enveloppent pour se faire accepter, ne sauraient leur enlever ce caractère d'incertitude et de doute qui les fait ce qu'elles sont.

Les *opinions* religieuses n'ont jamais eu d'autre source que le dogme ou la vérité révélée mis en doute et obscurcis ou faussés par l'esprit de chicane.

Il en est de même des opinions politiques. Toujours elles naissent de la mise en question des principes, des institutions, des intérêts mêmes qui avaient concouru pendant des siècles à constituer une nation et qui en amènent la ruine.

Il y a d'ailleurs une sorte de solidarité entre ces diverses classes d'*opinions*. On a remarqué qu'il ne s'élève jamais une secte dans l'Eglise qui ne devienne tôt ou tard un *parti* dans l'Etat.

Une déplorable confusion règne du reste à ce sujet de nos jours dans le langage comme dans les esprits. On ne semble plus savoir faire la différence d'une *opinion* à un dogme, à un principe, à un intérêt. Et ce n'est pas une des moindres maladies intellectuelles de notre siècle que tant de gens, en défendant leurs croyances, leurs principes, leurs intérêts, croient bien souvent ne lutter ou ne combattre que pour des *opinions*!

Par suite d'une autre bizarrerie, on est taxé de *fanatisme* pour peu que l'on apporte de chaleur à soutenir une croyance. On ne l'est jamais s'il s'agit d'une *opinion* à quelques violences, à quelques excès que l'on se porte pour la faire triompher.

Mais ce qui n'a d'abord été qu'une *opinion*, une fantaisie de l'intelligence, ne tarde pas à prendre corps en devenant le lien commun d'un parti. A l'*opinion* s'associe alors ou se substitue l'*intérêt*, mais intérêt entra-social, ayant pour mobile l'orgueil, l'ambition, les appétits d'une faction, jamais le bien du pays. Nos troubles, depuis quatre-vingts ans, nous ont assez produit d'exemples de cette transformation naturelle. On ne s'arme, on ne se bat en général pour une *opinion* et avec une certaine constance qu'autant qu'on espère de son triomphe un avantage plus ou moins direct et personnel. De là le pillage des places et de la fortune publique, ainsi que la violation des propriétés privées qui signalent l'événement au pouvoir de tout nouveau régime révolutionnaire s'établissant au nom d'une opinion, et qui déjà trois fois a fait de l'avènement de la République comme une irruption de barbares et de la pire espèce.

III

Le doute peut se produire autour d'une même vérité, d'un même principe religieux ou politique, sous des formes et avec des nuances dont aucun calcul humain ne saurait apprécier le nombre. Mais comme au fond toutes ces diverses formes ou nuances du *doute*, ou des *opinions* qu'il enfante, sont entachées d'un même vice et flottent dans une même atmosphère d'*erreur*, il peut arriver et il arrive en effet tous les jours à bien des gens de passer sans difficulté de l'une à l'autre.

Ainsi s'expliquent en partie ces changements d'*opinion* qui remplissent nos annales contemporaines et qui ont si souvent fait crier au scandale.

Du moment, en effet, où il est admis que tout est affaire d'*opinion*, c'est-à-dire d'une appréciation individuelle et indépendante de tout accord nécessaire avec l'autorité des principes ou la réalité des conditions sociales, il est évident qu'il doit suffire du moindre souffle pour faire passer les esprits par toutes les variations dont peuvent être susceptibles les appréciations et les attachements politiques.

Ajoutons que le souffle moteur est rarement le produit d'une simple évolution de la pensée. Presque toujours il procède d'une source plus positive, c'est-à-dire d'un *intérêt*. Dans l'absence de tout principe et de toute notion positive au sujet des seules conditions capables de réaliser dans un Etat l'indispensable alliance de l'ordre avec les libertés, il ne reste en effet de motif déterminant que l'intérêt individuel ou l'égoïsme. Et jamais celui-ci n'a conseillé de bouder aux factions triomphantes et bien moins aux pouvoirs établis par elles et devenus ainsi les dispensateurs des grâces en tout genre.

Mais il est incontestable aussi que vouloir allier à de tels éléments l'espoir d'une sûre direction du vaisseau de l'Etat, c'est se repaître d'une chimère, ce serait s'abandonner sans boussole et sans gouvernail à toutes les tourmentes que peuvent susciter les passions sociales; ce serait une folie.

Or cette folie est précisément ce que nous voyons en actes parmi nous depuis quatre-vingts ans, et qui nous a précipités dans l'abîme où nous nous débattons, sans voir bien clairement encore ni quand, ni comment nous saurons nous en tirer.

C'est, en effet, à l'*opinion* que nous avons vu remettre, depuis 89, le droit et le soin de faire et de défaire les constitutions et les lois, d'établir ou de renverser les gouvernements, et c'est d'elle que nous semblons encore attendre aujourd'hui l'indication du régime auquel nous devrons avoir recours pour réparer nos désastres et reprendre notre rang parmi les nations.

Evidemment, c'est demander le remède de nos maux à l'aveugle puissance qui les a tous attirés sur nos têtes. Et il est temps de s'y prendre d'une autre manière, en abandonnant la fiction pour revenir à la réalité.

IV

Avant la Révolution et jusqu'à nos derniers Etats-Généraux, la Constitution française reposait sur un double fait : *la Monar-*

chie héréditaire au sommet, *la représentation des intérêts sociaux* à la base.

La Révolution a mis à la fois de côté l'une et l'autre de ces grandes conditions de notre grandeur et de notre prospérité séculaires.

Depuis 89, nous avons vu le pouvoir social successivement aux mains, soit des élus de l'*opinion* passagèrement dominante, soit d'un césar d'aventure, s'imposant et se maintenant par la force ; et, pour la représentation nationale, c'est aux opinions seules que l'on a fait appel.

Or, qu'est-il advenu et que devait-il nécessairement advenir de ces conditions nouvelles? Chacun le sait sans doute; mais nous ne saurions trop nous en remettre sous les yeux le tableau, si nous ne voulons pas que les leçons du passé soient sans utilité pour nous.

Sous la République, les gouvernants n'ont voulu et n'ont souffert que des députés républicains, de même que des députés bonapartistes sous le premier et sous le second Empire, et des députés libéraux ou juste-milieu sous le règne du roi-citoyen.

Dernièrement encore, le dictateur improvisé de la République *rouge* demandait à ses affiliés de n'envoyer, *à tout prix*, à l'Assemblée nationale que des représentants de sa couleur. Et M. Thiers et ses ministres en font autant aujourd'hui même.

En cela, il faut en convenir, ces gouvernements agissaient tous (excepté le dernier) en harmonie avec la loi de conservation personnelle telle que la leur faisait la doctrine à laquelle ils devaient le pouvoir. Nés d'un coup de main, d'une émeute, d'une révolte de rue ou de caserne, ils ne pouvaient se soutenir contre le reste de la nation qu'en s'assurant dans les Assemblées législatives une majorité composée de leurs partisans ou de leurs créatures, prête à voter toutes les mesures d'administration ou de politique, soit pour l'intérieur, soit pour l'extérieur, réclamées par leur intérêt propre et celui du parti.

L'arène électorale s'est dès lors transformée en un champ de bataille, où les agents du pouvoir descendaient armés de toutes pièces, pour combattre une opposition qui ne pouvait l'emporter sans provoquer par là même une révolution nouvelle.

Telle a été l'origine, et origine forcée, des *candidatures officielles*, contre lesquelles on s'est tant élevé et avec tant de raison, mais qui n'en étaient pas moins et n'en seraient pas moins encore une inévitable conséquence des conditions d'existence que la Révolution a faite au pouvoir social.

Personnification d'un parti, ce pouvoir ne peut s'appuyer que sur ses adhérents. Ce sont eux qu'il colloquera, ou par préférence ou exclusivement même, dans tous les postes de la magistrature, de l'administration, de l'armée et encore du clergé. Ce sont eux qu'il désignera au choix des électeurs, qu'il leur imposera même par toutes les mesures de corruption et d'intimidation dont il pourra disposer, et dont il usera avec d'autant plus d'énergie qu'il se sentira plus menacé. Etabli sur les populations par un droit en quelque sorte identique à celui de conquête, c'est par une espèce d'*occupation armée* qu'il se maintient dans cette position... Il campe, pour ainsi dire, avec les siens, sur le sol de la patrie, comme sur une terre envahie. Ennemi obligé de toutes les *libertés*, parce qu'il n'en est pas une dont on ne puisse se faire une arme contre lui, il doit entrer, dès le début, dans une voie de despotisme plus ou moins patent ou déguisé, qui ne peut que s'exagérer chaque jour davantage. Bientôt la nation se trouve ainsi divisée en deux camps ennemis et composés : l'un, des hommes du pouvoir ; l'autre, de ses antagonistes naturels, les hommes du droit, et les divers autres partis vaincus et coalisés entre eux. Dans une pareille situation, une révolution nouvelle est inévitable. Il ne manque à son explosion qu'un prétexte ou un signal ; et, au moment marqué par la Providence, tout choc, de quelque part qu'il vienne, peut produire l'étincelle fatale, mettre le feu aux poudres, et faire sauter l'édifice menteur.

Oui, menteur ; car tout est à la fois illégitime et faux dans un pouvoir et dans une représentation nationale établis dans de pareilles conditions. L'illégitimité du pouvoir social appelle fatalement la fiction dans la représentation nationale. Les éléments qui seuls doivent former le corps et l'âme de celle-ci, n'y sont précisément pour rien, ou n'y figurent pas comme tels. Nous voulons parler des *grands intérêts sociaux*, qui, seuls, ont vraiment *des droits* à faire valoir lorsqu'il s'agit des assises de la nation. Car, ainsi que l'a dit un publiciste, *on n'assemble pas des hommes pour représenter des hommes, mais des intérêts*

V

A l'inverse de *l'opinion* ou des *opinions*, dont le propre est de diviser, de créer des sectes dans la religion et des partis dans la politique, *l'intérêt* ou les *intérêts*, sous des formes diverses, sont à la fois le principal lien par lequel chacun tient à la société dont il fait partie (*a*) et l'assise fondamentale de toutes les *libertés* dont un peuple doit avoir et conserver la jouissance.

On peut considérer les *intérêts* au double point de vue, soit de l'espèce, soit du nombre des ayant-cause.

Au point de vue du nombre, il y a l'*intérêt privé* qui ne concerne que l'individu, — l'*intérêt local* ou *commun* qui est le même pour plusieurs, — et l'*intérêt public* ou *social* qui rallie à lui toute une catégorie de la société ou l'ensemble même de ses membres.

Au point de vue de l'espèce, on distingue l'*intérêt religieux* qui domine tous les autres, par la raison que, seul, il étend son action au-delà des limites de la vie actuelle et du monde visible, — puis l'*intérêt de l'agriculture*, l'*intérêt de l'industrie*, l'*intérêt du commerce*.

Dans chacune de ces catégories, l'intérêt dérive d'un fait, d'une position nettement saisissable, auxquelles ne sauraient rien changer les mille et mille variations des *opinions* humaines, et présentant ainsi, avec un point de départ assuré pour les calculs de l'homme d'Etat, une solide base pour l'édifice du législateur. Et nous avons vu que rien de semblable ne nous est offert dans le domaine des *opinions*.

Aux *intérêts sociaux* appartient donc de fournir à la représentation nationale cet élément invariable auquel on n'a jamais substitué les *opinions* sans se fourvoyer misérablement et sans ouvrir la porte à des bouleversements sans terme.

Cette *représentation des intérêts sociaux* est d'ailleurs de plein droit; et c'est à ce titre qu'elle a fonctionné pendant toute la durée de notre ancienne monarchie et jusqu'en 89, où elle apparaît encore, mais pour être alors détrônée par la représentation révolutionnaire des *opinions*.

Pendant toute cette longue et glorieuse période, l'*intérêt religieux* était uniquement représenté, dans les assises nationales, par le clergé catholique, parce que la religion catholique était alors la seule dont le culte public fût admis dans l'Etat.

La noblesse, qui, dans l'origine, possédait, directement ou indirectement, à peu près tout le sol, y représentait l'*intérêt agricole*. L'*intérêt de l'industrie* et celui du *commerce* y étaient représentés par le tiers-état.

Ces conditions sociales se sont modifiées sous plusieurs rapports. La *religion* catholique n'est plus là seule dont le culte soit publiquement admis à la libre pratique. La *noblesse*, ou ce qui en reste, ne forme plus dans l'Etat un ordre distinct, et ses membres épars ne possèdent plus qu'une bien petite partie du sol. Enfin, il n'y a plus de *tiers-état* depuis que l'abolition de priviléges qui n'avaient plus de raison d'être ne laisse, du premier au dernier degré de l'échelle sociale, que des citoyens, sans autre distinction entre eux que celles de la profession, de la fortune et des qualités personnelles. Mais les *intérêts sociaux* existent toujours, et toujours les mêmes, si on les considère dans ce qui les constitue.

Aujourd'hui comme autrefois, il montre avant tout l'*intérêt religieux*, soit l'*intérêt* qu'a tout homme digne de ce nom de rester librement en union, en communication journalière avec le Dieu qui est son principe et qui doit être sa fin.

L'esprit de secte et d'incrédulité a pu fausser la vérité à cet égard auprès d'un certain nombre de croyants; mais l'intérêt reste le même pour chacun et constitue pour chacun, dans un état où règne la liberté des cultes, le droit, que nous appellerons de *position*, de voir sa croyance admise à la représentation nationale des *intérêts sociaux*.

La loi de la liberté des cultes constate l'existence simultanée de plusieures religions distinctes dans l'Etat. Or, du fait même de leur diversité on doit conclure qu'elles ne sont pas toutes également vraies, également aptes à maintenir cette parfaite union de l'homme avec son créateur qui est le but de la religion.

Une seule a nécessairement ce privilége, parce que seule elle vient de Dieu même et sans mélange de l'erreur humaine.

En regard de celle-ci, les autres se présentent comme des *opinions* religieuses plus ou moins malheureusement détournées de la vérité révélée. Mais par le fait seul de leur existence déjà séculaire dans l'Etat, elles ont une sorte de double droit *de position*, l'un, d'être admises à la libre pratique, l'autre, de voir tenir compte des intérêts positifs auxquels elles ont donné naissance.

Le pouvoir social ou, en d'autres termes, le chef de l'Etat, ne pouvant ni rester en dehors de ces diverses religions, ni appartenir à toutes à la fois, ne saurait légitimement intervenir dans l'exercice de leur culte ou dans leur fonctionnement, à moins d'un traité librement consenti avec chacune, traité qu'en pareille matière on appelle *concordat*.

On dit que, sous le régime de la *liberté des cultes*, la loi devait être athée; et cette révoltante conclusion serait d'accord avec la logique, si cette liberté impliquait l'*égalité* des religions dont aucune ne serait d'institution divine, ni par conséquent obligatoire.

Car si le pouvoir ne reconnaît la vérité exclusive d'aucun des cultes admis à la libre pratique, s'il ne voit dans aucun de ces cultes le produit légitime et pur d'une révélation d'en haut ; si, en un mot, ils ne sont tous, à ses yeux, que des formes diverses et de même valeur, d'une conception purement humaine, il est évident que tout fil échappe nécessairement à ses mains pour relier à Dieu la loi de l'Etat.

Mais, d'autre part, la *loi sans Dieu* n'étant que l'expression plus ou moins brutale de la force, n'a de sanction que cette même force. Elle peut faire des *obligations* ; elle saurait, par elle-même, imposer des *devoirs*, et quiconque se croit en mesure de la violer impunément peut se le permettre sans que sa conscience y soit nécessairement intéressée. Et c'est que de Dieu seul peut émaner pour l'homme le droit de commander à son semblable d'une manière consciencieusement obligatoire, que l'existence, d'ailleurs indispensable de ce droit, implique une première loi originairement donnée de Dieu, soit une révélation : d'où il suit que le législateur ne pouvant rendre ses lois obligatoires pour la conscience humaine sans s'appuyer sur la loi divine, doit donc professer une religion à l'exclusion des autres, et, à l'exclusion des autres aussi, la professer comme vraie tout en faisant jouir les cultes dissidents de toute la *liberté* de fait, sinon de droit, que commandent les temps ; *liberté* qui n'est autre que la tolérance sous un autre nom.

VI

Il résulte de ce qui précède que les divers *intérêts sociaux* ont nécessairement la loi de Dieu pour règle et pour mesure dans leur action politique, et que leurs *droits*, déduits de cette même loi, trouvent aussi en elle une sanction souveraine. Car tout *intérêt* légitime implique l'exercice d'un *droit*, de même que tout droit social repose en général sur un *intérêt*.

Entre les *droits* appartenant ainsi à l'homme en société et reconnus dans tous les temps, quoique le libre exercice en ait été trop souvent entravé par les gouvernants, est celui qu'a tout individu ayant un *intérêt* dans cette société, de participer à son administration et à son gouvernement (*b*).

Mais si tous les individus qui ont un *intérêt* dans la société ont par là même le *droit* d'intervenir dans la chose commune, ce *droit* peut varier d'un individu à l'autre, par la raison, non-seulement que tous n'ont pas des *intérêts semblables*, ce qui ne serait pas suffisant, mais que tous n'ont pas des *intérêts égaux*.

Il est évident, en effet, d'un côté, que les intérêts du *négociant* ou de l'*industriel*, dans la société politique ne sont pas identiques à ceux du cultivateur ou du propriétaire rural ; et il ne l'est pas moins, d'autre part, que l'individu afilié, par la seule main-d'œuvre, à l'agriculture, à l'industrie, au commerce, n'a pas à la prospérité commune un intérêt égal à celui de l'exploitant qui figure en tête de la catégorie par l'importance de son avoir ou de sa mise. Et comme, en toute société, l'intensité du *droit* se mesure nécessairement d'après l'importance de l'*intérêt*, il s'ensuit que l'intervention de chacun dans la chose publique doit être en proportion de l'*intérêt* qui l'y rattache.

La plupart des anciennes législations allaient plus loin. Elles ne reconnaissaient aucun droit d'intervenir ou d'*action sociale* à celui qui ne possédait rien, parce qu'il était supposé n'avoir aucun *intérêt* dans la chose publique (*c*).

L'Assemblée constituante elle-même, en 1789, sur le rapport de Thouret, faisait de l'impôt, et par conséquent de la possession, la base du *droit* à la représentation.

Mais tout en désapprouvant, au nom de la religion, cette exclusion des non-propriétaires à laquelle le christianisme pouvait seul mettre un terme, il est évident que la participation à l'*action sociale* manquerait à l'essentielle condition d'un juste exercice du *droit*, si la loi qui doit régler cet exercice ne tenait pas compte à la fois des diverses classes d'*intérêts sociaux*, et, pour les intérêts matériels, de l'avoir de chacun dans la classe à laquelle il se rattache.

VII

Les trois grands ordres *d'intérêts sociaux* qui, en dessous de *l'intérêt religieux*, se partagent la population de la France, sont ceux de *l'agriculture*, de *l'industrie* et du *commerce*.

Ces intérêts sont les seuls qui puissent être qualifiés *intérêts sociaux*.

Il n'y a pas, en effet, d'autres *intérêts sociaux* que ceux-là, pas plus ceux de la *bourgeoisie* ou de la *classe ouvrière* que ceux d'une noblesse qui n'existe plus comme ordre distinct ou d'un clergé qui ne forme plus un corps politique.

La *bourgeoisie* n'est pas une classe à part. Elle se compose, non pas politiquement mais en fait, de tout ce qui possède assez pour n'être pas atteint à la nécessité du travail, — à l'opposé de la *classe ouvrière* qui compte dans son sein tous ceux pour qui le travail est une condition forcée de l'existence. L'une et l'autre de ces classes existe d'ailleurs, on pourrait dire à *portes ouvertes*, d'après le passage qui se fait journellement de l'une à l'autre, et dans des proportions d'autant plus grandes, qu'il y a plus de mouvement et de vie dans les opérations en tout genre de la société. Ces classes n'ont donc comme telles aucun intérêt qui leur soit propre et qu'on puisse en même temps qualifier *intérêt social*. Et d'autant plus qu'il n'est, pour ainsi dire, pas un individu momentanément enfermé dans leurs cadres qui ne se rattache à l'un des ordres de l'agriculture, de l'industrie ou du commerce ; pas un bourgeois, pas un ouvrier qui n'appartienne, par ses capitaux ou par son travail, à l'un de ces trois intérêts et qui n'ait aussi le droit de participer, dans une proportion quelconque, à *l'action sociale* et au choix des membres de la représentation.

Il en est de même pour toutes les autres classes que, dans l'état actuel de la civilisation, la société peut renfermer dans son sein. Avocat ou médecin, savant ou littérateur, musicien ou peintre, on est industriel par sa profession, tout en appartenant peut-être par ses propriétés ou par ses capitaux soit à l'agriculture, soit au commerce.

En un mot, il n'est pour ainsi dire pas un membre de la société que l'on puisse considérer comme étant en dehors de ces trois ordres, entre lesquels d'ailleurs chacun a son *intérêt* propre, distinct de tous les autres et constituant ainsi un véritable *intérêt social*, ayant un *droit social* et une *action sociale* à exercer, celui de la représentation dans les assises nationales.

Ceci posé, si nous voulons passer à la mise en œuvre ou à la pratique, nous avons à prendre une disposition préalable, qui consisterait à ouvrir, dans chaque commune, trois registres, l'un pour l'agriculture, le second pour l'industrie, le troisième pour le commerce, et sur l'UN desquels chaque électeur se ferait inscrire, à son choix, mais à l'exclusion des deux autres.

Cette première opération peut s'accomplir en quelques jours, en quelques semaines au plus dans toutes les communes de France. Une fois terminée et en supposant qu'il y ait dans la population un total de dix millions d'électeurs, ceux-ci seraient classés, dans chaque ordre et selon les lieux, par groupe de deux cents. Convoqués, selon le besoin, par telle autorité, tel agent local que l'on voudra, ces électeurs auraient à choisir ENTRE EUX, et dans le tiers le plus imposé du groupe, un délégué de l'ordre.

Cette seconde opération accomplie, on passerait, en temps voulu, à la troisième, qui consisterait à son tour dans la convocation et la réunion, pour chaque ordre de cent délégués, formant un collége de second degré, lequel aurait à élire, et dans son sein encore, le membre à qui devrait être donné le mandat de représenter l'ordre et de défendre ou faire valoir ses intérêts dans l'Assemblée nationale.

Le résultat de cette élection à deux degrés serait : 1° de

donner un député ou représentant pour vingt mille électeurs de chaque *ordre* ($200 \times 100 = 20{,}000$) et cinq cents représentants pour dix millions d'électeurs ($20{,}000 \times 500 = 10{,}000{,}000$);

2° De procurer au pays une assemblée où chaque ordre d'intérêt serait représenté par un nombre de députés en rapport exact avec la force numérique de cet ordre dans la population entière de la France;

3° De faire droit, dans une suffisante mesure, à la loi fondamentale de toute société, et qui veut, ainsi que le bon sens ou la raison, que l'intervention de chacun dans la chose commune soit en proportion de sa part d'intérêt;

4° Enfin, de répondre aux vœux d'une loi non moins impérieuse d'une vraie représentation nationale, en constituant ainsi une exacte réduction de la nation, que l'impossibilité absolue de siéger elle-même et en masse dans les assises oblige seule à se donner des chargés de pouvoir.

Mais ces conséquences ne sont ni les seules ni les plus importantes en un sens, ainsi qu'un moment d'examen peut nous en convaincre.

VIII

Au premier abord et avant toute étude comparée, on pourrait supposer que les conditions de l'élection peuvent ou doivent être les mêmes dans la représentation des *opinions* et dans celles des *intérêts*.

Mais il n'en est rien, et un moment d'attention suffit à le faire voir. Il est un fait qui, indépendamment de toute autre considération, enlève dès l'abord le doute à cet égard, — et c'est qu'il est toujours facile d'apprécier, entre des individus ayant part à un *intérêt commun*, quelle est la valeur relative de cette *part d'intérêt* en chacun d'eux, — tandis qu'il n'y aura jamais de données positives pour déterminer, entre des individus ayant part à une *même opinion*, quelle est la valeur de cette *part d'opinion* ou l'intensité relative de cette opinion en chacun d'eux.

Evidemment, en effet, le simple cultivateur à la journée et le propriétaire rural de plusieurs milliers d'hectares ont, comme agriculteurs, des *intérêts semblables*, mais non pas des *intérêts égaux*. Et rien au contraire ne montre et ne permet d'établir qu'une *opinion* commune au simple ouvrier et au millionnaire ne puisse pas avoir la même intensité chez l'un et chez l'autre.

Or, comme le droit d'action ou d'intervention dans la chose publique doit se mesurer, ainsi que tout en fait une loi et que nous le verrons mieux plus loin, sur la quote-part de chacun dans cette même chose, il s'ensuit que l'égalité de droit, qui suffirait dans la représentation toute fictive des *opinions*, disparaît devant les réalités de la représentation des intérêts sociaux, et que si le droit d'élire les représentants peut être réputé égal chez tous et s'exercer directement dans la *représentation des opinions*, l'inégalité positive et patente de ce même droit dans la *représentation des intérêts sociaux* conduit au vote gradué ou à deux degrés au moins.

Et maintenant si dans le système menteur de la représentation des opinions vingt mille électeurs sont appelés à élire un député, ces vingt mille électeurs devront le choisir directement, et si, comme cela se pratique, les électeurs de chaque département contenant cinq fois, dix fois ce nombre de vingt mille voix, doivent choisir tous ensemble leurs cinq ou dix représentants, il arrivera nécessairement, indispensablement, que la plupart les nommeront sans les connaître, sans être en mesure d'apprécier leur valeur morale ou intellectuelle, sans pouvoir s'entendre surtout pour le mandat à donner, puisqu'ils appartiennent à des catégories diverses d'opinions et d'intérêts. Habituellement même le choix ne viendra pas d'eux. Il leur sera indiqué, imposé par des comités dont les préférences seront elles-mêmes dictées par l'esprit d'intrigue, d'étroite et mesquine coterie, bien plutôt que par le désir du bien public.

Très souvent, cette population de cent, de deux cent mille électeurs, ainsi dévoyée, ne prendra pas ses représentants dans son sein, parmi ses concitoyens les plus capables et les plus sûrs à la fois. Elle acceptera du comité les célébrités les plus à la mode à un titre quelconque; tel écrivain ou publiciste, tel avocat dont les écrits ou la parole auront fait, à tort ou à raison, le plus de bruit. La représentation sera une fiction de ce côté encore. Il pourra même arriver, comme nous venons de le voir à deux reprises pour Paris, que, par défaut d'entente ou d'action chez la majorité, ce soit une minorité habilement conduite qui fasse l'élection et dans un sens hostile à la majorité. De sorte qu'elle serait à la fois un mensonge et un danger social.

Or rien de semblable n'est à craindre et ne peut arriver pour la représentation *des intérêts sociaux,* parce que les élections, nous venons de le voir, se font dans de tout autres conditions.

D'abord l'élection ici est graduée.

Au premier degré, où il s'agit du choix d'un simple délégué, deux cents électeurs d'un même *ordre d'intérêts* sont seuls appelés à l'opération. Et quand bien même on réunirait, selon les localités, plusieurs fois, et jusqu'à cinq fois et dix fois ce nombre d'électeurs primaires pour choisir autant de délégués, ces mille ou deux mille électeurs ne pourraient manquer de connaître suffisamment les cinq ou dix d'entre eux sur lesquels ils auraient à porter leur choix. Et que ces délégués soient élus à l'unanimité ou par une simple majorité, ils n'en seraient pas moins les représentants primaires de l'ordre d'intérêt auquel ils appartiendraient et dont ils seraient les élus.

Un résultat semblable se reproduirait dans chacune des réunions de cent délégués pour le choix d'un député, lequel, pris dans le cercle soit de ces mêmes délégués, soit de leurs électeurs primaires (si l'on veut), serait également bien connu de ceux qui le nommeraient.

Mais l'élection ainsi réglée d'après la nature des choses et leur situation présente, aurait d'autres avantages encore qu'il est essentiel de noter.

Et d'abord, ni dans l'élection primaire, ni dans celle du second degré, ne pourraient se produire ces sourdes menées, ces espèces de conjurations et ces mouvements populaires qui, dans les tumultueuses élections pour la représentation des opinions font de chaque opération générale une véritable crise politique. Et de plus, ni dans l'élection primaire, ni dans celle du second degré, n'auraient lieu ces abstentions qui laissent si généralement aujourd'hui entre les mains des minorités factieuses le résultat électoral.

En second lieu, le gouvernement n'ayant aucun intérêt à intervenir dans les choix, et pas plus au second degré qu'au premier, ces choix auraient lieu par cela même en dehors de toute vue d'opposition au pouvoir, et il n'y aurait pas plus de choix hostiles que de candidatures officielles.

Enfin, les élections ainsi accomplies pour les trois ordres d'*intérêts* sociaux produiraient, par la réunion de leurs députés, une Assemblée qui serait, nous l'avons dit, une exacte réduction de la nation entière, considérée en tant que partagée en agriculteurs, en industriels, en commerçants, et constituant une légitime et vraie représentation nationale. Ajoutons qu'aucun traitement ne devrait être alloué par l'Etat aux membres de cette Assemblée, qui devraient tous, et pour jamais, siéger à titre gratuit.

Pour tout dire, il est vrai, et nous devons l'avouer, la porte se trouverait ainsi fermée aux agitateurs publics, à ces tribuns issus du barreau, de la presse ou des clubs, qui depuis quatre-vingts ans sont en possession d'exploiter les élections, et, par elles, la France. Mais nous ne serions pas seul, sans doute, à voir d'un œil sec disparaître de la scène politique ces funestes histrions qui, de Danton à Gambetta, nous ont fait tant de mal. Et si l'on n'a jamais d'autre reproche à faire à la représentation des *intérêts sociaux* que de nous avoir délivrés de cette plaie, elle sera bientôt absoute à tous les yeux comme aux nôtres.

IX

Nous venons de voir les conditions différentes des élections, selon qu'il s'agit de la représentation des *opinions* ou de celle des *intérêts* ; conditions aussi satisfaisantes dans le dernier système qu'elles le sont peu dans le premier. Et il en est de même pour les résultats, ainsi que nous avons pu le voir déjà, et que nous le reconnaîtrons mieux encore en entrant à ce sujet dans quelques détails.

Accomplies au nom des *opinions*, les élections ont pour premier effet de donner à celles-ci une valeur, une importance qu'elles n'obtiendraient jamais sans cela. Elles les identifient avec les partis, qui entrent ainsi en lutte pour la possession du pouvoir, et dont l'un n'arrive à s'en emparer, par force ou par surprise, que pour se voir immédiatement en butte aux attaques conjurées de tous les autres.

De là, pour le pouvoir, quelle que soit l'*opinion* qui se personnifie en lui, l'absolu besoin des *candidatures officielles*. Car, d'un côté, il ne saurait rester spectateur indifférent de luttes électorales dans lesquelles il s'agit de son existence même ; et, d'autre part, il ne saurait, sans les candidatures, se procurer la majorité factice qui lui est indispensable pour prolonger, d'une session à l'autre, son règne éphémère.

Mais ces candidatures ne se patronnent pas toutes seules. Et de là pour le pouvoir cette autre nécessité, si désastreuse pour la chose publique, non-seulement de donner tous les emplois aux plus dévoués, sans tenir compte du mérite ou de l'indignité du sujet, mais de multiplier de plus en plus les emplois pour augmenter le nombre des créatures et de les rétribuer toujours plus grassement, au grand préjudice des finances, pour s'attacher, pense-t-on, les détenteurs par des liens toujours plus forts.

Ainsi se forme la double armée qui, du ministre au garde champêtre, et du gendarme au général, a mission d'agir sur les électeurs pour en déterminer le vote dans le sens voulu. Espèce de franc-maçonnerie artificiellement superposée à la nation, sous laquelle disparaissait aux yeux la situation des partis ou les dispositions réelles des esprits, et dont la pression longtemps maintenue avec succès avait persuadé au profond M. Guizot et à M. Thiers qu'il n'y avait plus de légitimistes en France.

Et n'oublions pas cet autre auxiliaire obligé de tout despotisme, cet enseignement donné au nom de l'Etat et destiné, d'un côté, à jeter toutes les intelligences dans le monde étroit et servile d'un modèle humain substitué à celui de Dieu ; d'autre part, à tenter la cupidité des parents par l'appât des bourses et à river leur reconnaissance à la main du pouvoir qui les distribue.

Pauvres parents, qui, depuis l'établissement du monopole universitaire, ont ainsi, par milliers, vendu les âmes de leurs fils à à un enseignement corrupteur, comme d'autres trafiquent de l'honneur de leurs filles.

Et de combien d'autres traits n'aurions-nous pas à charger cette esquisse si nous voulions compléter le tableau des funestes conséquences qu'entraînent forcément à leur suite la *représentation des opinions* et les conditions dans lesquelles elles s'opèrent !

Or, rien de semblable, encore une fois, ne saurait se produire sous le régime de la *représentation des intérêts sociaux* et des conditions électorales qui leur sont propres.

Si les *trois* grands ordres des intérêts matériels, l'*agriculture*, l'*industrie*, le *commerce*, ayant à se faire représenter chacun à part, doivent ainsi tendre à former comme *trois partis* dans l'Etat, notons bien que l'antagonisme de ces *partis supposés* doit naturellement se circonscrire dans la limite des luttes qui pourraient s'engager entre eux au sujet de telles ou telles mesures à prendre ou à sanctionner, et pouvant être plus favorables aux uns qu'aux autres, et sans que cet antagonisme puisse jamais se diriger contre le pouvoir, qui est en dehors de leur action, et

dont le rôle unique est celui de modérateur entre leurs prétentions opposées, de pacificateur de leurs débats.

Ces partis supposés n'ayant aucun motif d'opposition contre le
pouvoir, celui-ci à son tour n'aurait aucun besoin de s'armer
contre une opposition qui aurait cessé d'être, ni de ses candidatures officielles dont nous avons déjà parlé et dont le scandaleux
abus blessait la conscience publique d'autant plus vivement que
la nullité ou l'indignité des sujets était souvent plus grande, ni
de ces préfets à poigne chargés de traiter, et non sans quelque
raison, en ennemi, en factieux même, tout électeur et tout candidat de l'opposition ; ni, en un mot, de tous ces moyens de
captation et de corruption qui auraient suffi jadis à déshonorer
un gouvernement.

Dès lors l'enseignement d'Etat n'ayant plus de raison d'être,
tomberait de lui-même au profit de la liberté qui reprendrait ses
droits. Le sol serait ainsi purgé du crétinisme matérialiste et
de la routine attardée dont il était obstrué par le monopole universitaire (*d*), et le libre enseignement saurait suffire, par sa généreuse action, aujourd'hui et pour l'avenir, comme dans le
passé, à tous les besoins intellectuels et moraux de la société (*e*).

Dès lors aussi les communes, les provinces étant rendues à
elles-mêmes, le rôle des sous-préfets et des préfets se réduirait
à si peu de chose qu'on se verrait amené à diminuer propor-
tionnellement leur solde au profit du trésor, et peut-être à réduire
de plus en plus leur nombre.

Des réformes du même genre s'exécuteraient par suite dans
dans toutes les branches de l'administration, et, à cet égard ,
chaque vœu formulé par les représentants des *intérêts sociaux* ne
pourrait qu'être favorablement accueilli par un pouvoir désormais désintéressé dans toutes les questions de décentralisation
administrative.

Chaque grande circonscription territoriale, province ou autre,
formerait un tout ayant administrativement sa vie propre, bien
que liée politiquement au pouvoir souverain, et l'on ne serait
plus exposé à voir une conjuration, une émeute renverser un

gouvernement pour en ériger un autre et le faire accepter, comme on l'a vu tant de fois, par des populations émiétées ou individualisées, sans cohésion entre elles, et conséquemment dépourvues de tout moyen de légitime résistance comme de tout sentiment de patriotisme.

X

Entre les *intérêts sociaux*, il en est un, et le premier de tous, dont nous avons parlé sans doute, mais sans lui donner de place encore dans le système représentatif que nous venons d'esquisser; c'est l'*intérêt* religieux, dont nous allons nous occuper maintenant.

Nous disons qu'il est le premier et le plus important de tous, parce qu'il est le seul dont l'action s'étende de cette vie à l'autre. Et nul esprit droit ne cessera de reconnaître cette vérité et de l'affirmer en dépit des gratuites négations des préjugés contraires.

Et, en effet, on aura beau entasser sophismes sur sophismes, en appeler au témoignage, tantôt d'une *science* qui nie une *âme* distincte de la matière précisément parce qu'elle ne peut la saisir par les sens, tantôt d'une *raison* qui nie aussi parce qu'elle n'arrive pas plus à comprendre la substance spirituelle de l'âme que Dieu lui-même et la création. Toujours le dogme de l'immortalité de l'âme aura pour lui, en outre de l'invincible instinct qui nous fait poursuivre de notre amour, au-delà du tombeau, les êtres chéris dont nous ne nous sentons séparés que pour un temps, et de l'insatiable besoin de bonheur qui nous tourmente sans jamais pouvoir être pleinement satisfait ici-bas, le témoignage des croyances traditionnelles s'accordant entre elles sur trop de points pour ne pas indiquer une source primitive émanée elle-même de la vérité divine.

Toujours, d'autre part, les merveilleux rapports qui se manifestent de tous côtés entre l'organisation des êtres et les fonctions qu'ils ont à remplir soit isolément, soit en union avec d'autres êtres, révèlent l'action d'une intelligence créatrice et ordonnatrice, la matière ne pouvant ainsi être soumise à ses lois sans être son œuvre. Et ici encore au témoignage de la raison vient se joindre, depuis l'origine des choses, celui des traditions, qui toutes affirment la connaissance révélée d'un Dieu ordonnateur et créateur de l'univers.

Enfin tout concourt également à démontrer la vérité de l'universelle croyance ou dogme des récompenses et des peines, celles-ci temporaires ou sans terme, qui attendent l'homme après cette vie.

Supprimez cette croyance, en effet, et les rôles divers du vice et de la vertu, du bien et du mal ici-bas, sont et demeurent à jamais inexplicables; et la morale n'ayant plus d'autre sanction que la force répressive au service de la loi humaine, devient, par son indépendance, un mot vide de sens.

Avec la notion du devoir disparaissent les mœurs dans la famille, l'ordre dans la société, la discipline dans l'armée, le patriotisme dans les populations.

La fraternité enseignée par la révélation et consacrée par la parole divine du Sauveur, fait immédiatement place à la haine du pauvre contre le riche, comme au mépris du riche pour le pauvre dont il exploite les besoins en introduisant chez lui la séduction, le déshonneur, qui ouvrent la porte à la prostitution publique, et le revolver ou le poignard deviennent les seuls protecteurs de la foi conjugale.

Assis sur son tribunal, le juge voit comparaître devant lui des prévenus dont la vie est peut-être moins impure que la sienne, moins chargée d'infractions à la probité, mais dont le délit est patent.

En un mot, il n'y a plus de société digne de ce nom, parce qu'il n'y a plus de religion positive ou de lien divin enchaînant les consciences (*religion, religant*) à Dieu d'abord, puis entre elles ; plus de croyance obligatoire, soit imposée d'en haut ou révélée.

Et cette religion, cette croyance révélée, si indispensable à l'homme pour qu'il puisse atteindre à ses fins dernières, et même au bien-être ou bonheur passager de ce monde, tout, dans les plus anciennes annales des peuples, la montre établie, reconnue et suivie dès l'origine des choses.

Il n'y a, il ne peut y avoir, nous l'avons vu, qu'une religion révélée, qu'une religion ayant fidèlement conservé les traits qui caractérisent en elle l'œuvre du législateur suprême. A côté de celle-là, les autres sont comme des branches plus ou moins dégénérées d'une tige primitive et sainte.

Mais il ne s'agit pas ici du plus ou moins de conformité des religions existantes avec le type primitif ou sacré. Au point de vue de la représentation nationale, il ne peut être question que des *intérêts* se rattachant à leur culte ou pratique publique. Et c'est à ce titre qu'elles ont leur place dans la représentation d'un pays dont la constitution admet la liberté des cultes.

Mais pour cet *ordre* d'intérêt, la classe des électeurs primaires n'a pas besoin d'être consultée. Il suffit qu'il soit tenu compte du nombre des adhérents ou des ayant-cause de chaque culte. Les délégués de chacun se montrent désignés dans leurs prêtres ou leurs ministres. Et c'est par ces délégués, toujours subsistants, que devront être élus les représentants de l'intérêt religieux dans un nombre proportionnel avec celui des adhérents de culte dans la population totale de l'Etat.

Mais ici se présentent diverses questions.

Les représentants de l'*intérêt religieux* devront-ils figurer dans la chambre élective, et dans quelle proportion avec le reste de la représentation ? Ou bien prendraient-ils place dans une chambre supérieure, dont l'intermédiaire entre l'Assemblée élective et le pouvoir héréditaire a toujours paru indispensable aux hommes d'Etat ?

Aux deux premières de ces questions, il ne nous semble pas y avoir de réponse affirmative ou de solution complétement satisfaisante.

Autrefois, les députés du clergé faisaient partie des Etats-Généraux au même titre que ceux de la noblesse et du tiers-état.

Mais les trois ordres délibérant séparément, il n'y avait pas lieu de s'occuper du nombre des députés de chacun. Et le jour où il fut admis qu'ils siégeraient ensemble, l'équilibre était rompu au profit du tiers-état, qui avait pour lui le nombre, la constitution était renversée et la porte était ouverte à la révolution.

Dans l'état actuel des conditions sociales, on conçoit très bien la réunion des trois intérêts de l'agriculture, de l'industrie et du commerce dans une même chambre, parce que, sans être semblables, ils sont de même nature, ce qui n'a pas lieu pour l'*intérêt religieux* dont la nature est toute différente de celle des trois autres.

Il nous semble donc que, par leur position de représentant naturels et perpétuels de l'intérêt religieux, par le caractère sacré (ou supposé tel) qui les distingue du reste de la population, par le principe divin au nom duquel ils doivent étudier, comme d'en haut, toutes les questions sociales, les députés de l'*intérêt religieux* sont appelés à siéger dans une chambre haute, laquelle devrait nécessairement aussi se montrer comme modérateur entre la chambre élective et le pouvoir souverain.

Et quant à la proportion numérique, pour que leur *ordre* puisse y exercer une action salutaire et marquée sans être absorbante, nous la fixerions au tiers des membres de cette même chambre. Mais entrons dans quelques détails.

XI

S'il est un fait qui ressorte de l'histoire des peuples gouvernés autrement que par un pouvoir absolu, c'est la nécessité d'un corps politique, constitué à demeure, et qui, par sa fixité même, offre une constante et bienfaisante barrière aux inévitables et dangereuses fluctuations issues de l'Assemblée élective, comme aux velléités de despotisme du pouvoir souverain.

Pour remplir ces conditions, cette chambre devrait nécessairement être héréditaire, au moins dans sa plus grande partie. C'est dans cette condition qu'elle puiserait sa véritable force, parce qu'il en résulterait pour elle une influence traditionnelle que tous s'habitueraient à reconnaître en dépit des préjugés des utopistes.

Dans les temps d'agitation, elle pourrait être l'objet de bien des attaques sans danger pour l'État, parce que, ne recevant pas son mandat de souverain, les coups qui lui seraient portés n'atteindraient pas la couronne et ne compromettraient en rien la dignité ni la sûreté de celle-ci.

Cette chambre haute, sous quelque nom qu'il plût de la désigner : sénat, pairie ou autre, devrait du reste se composer des mêmes éléments que la chambre élective et représenter, dans les mêmes proportions relatives, les mêmes intérêts, plus l'intérêt religieux qui devrait y occuper, nous l'avons vu, un tiers du siége.

Les deux autres tiers seraient ainsi dévolus aux sommités de l'agriculture, de l'industrie, du commerce, au choix ; mais choix irrévocable et fait, une fois pour toutes, du pouvoir.

Quelques siéges supplémentaires pourraient être réservés aux grands ou éclatants services rendus à l'État dans le maniement des affaires politiques ; mais il ne s'agirait plus d'y appeler, comme nous l'avons vu, de simples illustrations scientifiques, littéraires, artistiques ou autres; leur place est ailleurs, dans les diverses classes de l'Institut.

Il va sans dire qu'aucun traitement ne serait alloué aux membres de cette chambre, dont l'influence et l'autorité seraient d'autant plus grandes, que nul n'y attendrait ou recevrait rien du pouvoir.

Ce serait donc dans cette chambre haute, dont ils formeraient le tiers, que devraient siéger les représentants de l'intérêt religieux, et, pour chaque culte, dans une proportion numérique en rapport avec le nombre de ses adhérents dans la population totale de la France.

Cette proportion serait toujours au moins l'unité.

Dans la présence de cet élément, la chambre haute puiserait un sérieux et une solidité dans les vues qui, sans cela, pourraient parfois lui faire défaut. Et, d'autre part, le clergé ayant toujours à fournir son contingent de lumières à cette cour supérieure du parlement français, serait sollicité, nécessité à des études qui deviendraient pour lui une source nouvelle de crédit auprès des populations.

La religion, nous voulons surtout parler de la religion catholique, est essentiellement conservatrice, à l'opposé de l'*opinion* qui, dans ses évolutions capricieuses et si souvent désordonnées, se fait un jeu continuel de renverser aujourd'hui ce qu'elle a édifié hier. Plus on la laissera reprendre sur la société son empire providentiel, et plus aussi l'on aura fait pour neutraliser l'action dissolvante des opinions et pour cimenter l'union entre les diverses classes des populations. Que si parfois elle a été, non pas la cause, mais l'occasion de quelques embarras pour les gouvernants ligués contre elle avec l'esprit de secte ou d'incrédulité, jamais elle n'a été pour eux un danger, comme cela est si souvent arrivé à l'opinion et aux partis qu'elle enfante.

Mais cette organisation de chambre haute, ainsi mise en harmonie avec les conditions actuelles de la société, trouverait un autre avantage encore dans l'adjonction de l'élément religieux.

A côté des docteurs catholiques qui, seuls sans doute, par la force même des choses, y figureraient en nombre, siégeraient le rabbin des juifs, les ministres des protestants, et même, pour la France africaine, les prêtres musulmans, si on le jugeait à propos. Or nous n'hésitons pas à penser que ce simple mais continuel rapprochement de personnages ayant, sur bien des questions, un même intérêt à défendre, celui de la pleine liberté du culte ; journellement ainsi appelés à se voir, à se convertir en échangeant leurs idées, à se mettre d'accord sur les détails extérieurs, finiraient par se rapprocher et par s'entendre également, quant aux doctrines et sur le fonds même, de façon à revenir peut-être, dans un temps donné, à l'unité primitive et si malheureusement perdue de la foi.

Quoi qu'il en soit de cette éventualité, il ne s'agirait provisoirement que de l'intérêt religieux et de la place à lui donner dans la représentation nationale, et nous pensons que ce que nous venons d'indiquer répondrait pleinement à cette naturelle exigence.

La religion, considérée en elle-même, est ici hors de question ; mais il est évident que la somme de vérité révélée appartenant à chacun des symboles concourant à l'action gouvernementale se révèlera d'elle-même avec le temps par les inspirations dont chacun d'eux sera la source. Aux fruits se reconnaîtra la divinité de l'arbre qui les produit. Et, à ce point de vue même, rien ne saurait être plus favorable au retour vers l'*unité* que ce travail en commun des divers cultes sur toutes les questions administratives, politiques et sociales dont la chambre haute serait appelée à s'occuper.

CONSIDÉRATIONS SUPPLÉMENTAIRES

I

Du fonds social.

Considéré de la façon la plus générale, le *fonds social* se présente sous deux aspects.

Sous l'un de ces aspects, c'est la patrie ou le sol natal avec tout l'ensemble de croyances, de mœurs, d'usages, de droits, de libertés et aussi de souvenirs qui la constituent ce qu'elle est : il est possédé par indivis.

Sous l'autre, c'est ce même sol, avec le numéraire qui fournit à son exploitation, mais inégalement divisé entre tous les citoyens, dont un certain nombre, plus ou moins considérable selon les temps, ne possède rien du sol ou presque rien, et du numéraire que le prix du travail journalier.

Cet état de choses, qui se retrouve partout, ne tient d'ailleurs à aucune distinction de castes. C'est un fait, résultat naturel des inégalités de position, d'aptitude, de caractère, etc., il faut le dire aussi, de bon et de mauvais succès, au milieu desquelles naît et vit chacun de nous.

Tous les jours nous voyons l'ouvrier arriver, par sa bonne conduite, ses talents, son savoir-faire, à la possession d'une portion quelconque du capital ou du sol, et tous les jours aussi nous voyons l'inconduite, les fausses spéculations, des événements imprévus faire tomber maint propriétaire ou capitaliste au rang des travailleurs à la journée.

Notons bien que par *travailleur à la journée* nous n'entendons pas seulement celui qui gagne son pain à manier la bèche, le rabot ou la lime, mais quiconque n'a pas d'autre existence que le papier couvert de plans, de chiffres, d'écrits quelconques au service, soit de l'Etat, soit du prochain.

Ces vicissitudes, ces flux et reflux sont inhérents aux conditions inégales de l'activité humaine et des milieux essentiellement variables au sein desquels elle s'exerce.

Un partage égal du sol et du numéraire (s'il était possible) aurait lieu aujourd'hui entre tous les citoyens d'un Etat, que dès demain l'équilibre serait de nouveau rompu. La raison et l'expérience s'unissent pour le démontrer et de la façon la plus complétement irréfutable.

Devant ce fait, il est donc indispensable de prendre la société telle qu'elle est, avec ses inégalités d'*avoir* ou d'*actions*, dans l'intérêt commun, et par conséquent aussi avec ses inégalités *de droits d'agir* dans l'administration ou le gouvernement de la chose publique.

Dans toute société par actions, il est deux conditions qui font rigoureusement partie des statuts fondamentaux : — la première, c'est que les délibérations doivent se prendre et les élections se faire à la pluralité, non pas des voix, mais des actions ; — la seconde, que, pour faire partie de l'administration sociale, il faut posséder un certain nombre de ces mêmes actions.

Et pourquoi cela ?

Parce que la première, sinon la seule condition d'une bonne gestion de l'intérêt commun, gestion devant être aussi indépendante que possible de toute pression étrangère ou hostile, — est de résider en des mains ayant la plus grande part possible dans l'intérêt commun.

Et il en doit être de même pour toute société politique qui veut se maintenir dans des conditions en harmonie avec le bon sens comme avec la pratique universelle.

Mais il y a plus.

Un des grands intérêts de toute société politique ou autre est de se voir administrée et gouvernée au meilleur marché possible et même gratuitement partout où la chose est praticable.

D'où il suit que c'est entre les plus forts *porteurs d'actions*, soit entre les plus forts intéressés que devront être cherchés et mis en avant les sujets les plus aptes à servir gratuitement l'intérêt commun, parce que, mieux que d'autres, ils sont en position d'accepter une mission à titre onéreux.

C'est ce qui a lieu pour les conseils généraux et municipaux, et qui, de nouveau, doit aussi avoir lieu pour les représentants à l'Assemblée législative.

Cette disposition assurerait au trésor une notable économie et, du même coup, on atteindrait un autre résultat aussi intéressant pour la sûreté de la gestion que pour la morale, et qui serait de mettre un terme à ces candidatures d'intérêt privé que l'on voit se reproduire sous tous les régimes, indifférentes à tous les serments comme à tous les programmes, sans doute parce qu'elles ne se sentent pas plus liées par les uns que par les autres, pas plus envers les populations qu'envers le pouvoir, sans autre mobile qu'une ambition à satisfaire, sans autre but que le succès personnel, sans autre moyen que l'intrigue et la triste habitude de frapper indifféremment à toutes les portes de la popularité, toujours prêtes d'ailleurs à se jouer tant des partis qui les adoptent que du pouvoir qui les solde.

Aussi, pour assurer par avance une pleine liberté à ces évolutions diverses, les voit-on en appeler à leur *dignité personnelle* contre tout mandat imposé par les électeurs, contre toute déclaration de principes tant soit peu explicite.

On concevrait peut-être cette *pudeur révoltée* chez le candidat *sollicité* par les électeurs; mais dans le candidat *solliciteur*, elle offre un phénomène digne du charlatanisme en tout genre qui caractérise si bien notre époque.

C'est ainsi que nous comprenons la société, organisée d'après les intérêts divers qui s'en partagent les populations et la quote-part d'action de chacun, non point comme un pêle-mêle, mais comme une famille ayant son père dans le roi, ses fils dans les citoyens, tous égaux quant à leur origine, mais prenant inégalement part au maniement de la chose commune suivant leurs aptitudes actuelles de force ou de capacité et l'utilité dont ils peuvent être.

Le reste n'est que fiction et mensonge, immense et sacrilége tromperie, constituant une évidente révolte contre les réalités sociales et aussi contre la loi divine qui préside aux sociétés. C'est ainsi que nous avons vu bannir du sein des populations toute religion positive, toute morale obligatoire ; que la licence s'est substituée à la liberté, le chaos à l'ordre, le tourbillon à la hiérarchie, et que la société est devenue la proie de tous les aventuriers qui l'exploitent depuis quatre-vingts ans.

II

Des droits égaux.

A ce que nous avons exposé sur la gratuité du mandat de représentant, l'irréflexion pourra sans doute objecter que cette disposition fermerait la porte de la députation à toute une classe de citoyens et ferait ainsi violence à la prétendue loi qui veut que chacun puisse prétendre et arriver à tout.

Il y a là une erreur vulgaire qu'il ne sera pas inutile de redresser en passant, parce que nulle question n'a été enveloppée à dessein de plus de sophisme et de ténèbres.

Les droits politiques et civils sont de plusieurs sortes.

On peut les classer, d'après leur caractère, en trois catégories différentes, que nous distinguerons ici sous les trois appellations de *droits actifs*, de *droits passifs* et de *droits* de position ou *éventuels*.

Nous avons vu ce qui regarde les *droits actifs* ou d'*action*, lesquels, dans la représentation des intérêts sociaux, se graduent et s'échelonnent d'après la part, plus ou moins grande, de chacun dans le *fonds social*. Droits inégaux par conséquent, quoique de même nature et se déduisant d'un même principe, celui de la participation de tout citoyen à l'administration et au gouvernement de la société dont il fait partie; — mais *droits imprescriptibles*, que l'on ne saurait entraver dans leur exercice ou transporter à d'autres éléments sociaux sans péril pour l'Etat, qui se verrait ainsi livré à des perturbations sans terme et sans remède.

Les *droits* que nous désignons sous le nom de *passifs* sont ceux qu'a tout citoyen d'être protégé par le pouvoir social, soit local, soit central, et cela dans sa personne et sa famille, dans son domicile, dans ses biens, dans le libre exercice de ses croyances comme de leur transmission, dans son activité personnelle enfin, quelle qu'en soit la carrière politique, civile ou privée.

Egaux chez tous, nul n'en saurait être dépossédé, même en partie, qu'en punition de faits constituant une infraction à la loi et encore à la condition que cette loi de l'Etat ne soit pas en contradicton avec la loi divine ou naturelle. Car, notons-le bien, toute législation qui, pour déshériter un citoyen de ses droits, cesserait d'être en harmonie avec la loi primitive sur laquelle ces droits reposent, serait une législation tyrannique, abusive, ne pouvant engager la conscience et qui, improvisée par la force, autoriserait tout appel à la résistance.

Au nombre des mesures tyranniques réprouvées par la loi naturelle ou divine, nous devons compter, et en première ligne, celle qui nous a imposé un enseignement d'Etat fondé d'abord par un despote dans l'intérêt de son pouvoir, puis maintenu, renforcé par la faction *libérale* en vue de perpétuer, au moyen de l'éducation, la révolution anti-sociale qui nous travaille.

Et il en est de même des mesures dirigées, en haine de la religion, contre les corporations ou associations religieuses, contre leur droit de posséder et autres.....

Enfin, les *droits* que nous appelons *éventuels* sont ceux au nom desquels chacun de nous est dit ou réputé pouvoir prétendre et arriver à toutes les fonctions publiques de la société.

Bien des gens se sont mis en tête que ces droits seraient absolus, indéniables et devant s'étendre à tout. Or, il n'en est rien, comme nous allons nous en convaincre, en laissant parler d'abord les faits.

Au moment de la Révolution, les grades d'officier de terre et de mer étaient tous réservés à la noblesse. C'était une disposition issue de l'époque où la noblesse, faisant la guerre à ses frais, devait naturellement figurer en tête des troupes qu'elle menait au combat. Cette règle admettait, au reste, de continuelles exceptions en faveur du mérite. Mais, considérée comme constituant un privilége, cette disposition fut abandonnée au nom du principe d'*égalité* qui devenait la règle suprême. Tout Français, sans exception, fut admis à pouvoir porter l'épaulette. Ce pouvait être bien en principe, mais le vice ne tarda pas à se faire sentir dans la pratique, lorsqu'au nom de cette égalité on décida que tout avancement aurait désormais lieu à l'ancienneté. Cette absurde mesure devait avoir pour résultat de faire trop souvent parvenir à des grades élevés des hommes à peine capables de faire de bons sous-officiers. Elle risquait ainsi de compromettre le sort de l'armée au jour du combat. Aussi fut-elle bientôt rapportée. Mais la leçon offerte par nos récents désastres a parlé bien plus haut encore. Une complète réforme a justement semblé indispensable, même à nos républicains, pour mettre nos différents corps de troupes en état de lutter, au moins de pair, contre ceux de la Prusse ou de toute autre nation : il a été reconnu et décidé que le *mérite seul* devait désormais ouvrir la porte à l'avancement. Et pourquoi?

Parce que la réunion et l'entretien des armées n'a pas précisément lieu pour offrir aux citoyens belliqueux des postes d'officiers de tout grade, depuis celui de sous-lieutenant jusqu'à celui de maréchal, mais dans l'unique intérêt du pays, lequel veut à la tête de ses soldats, et du petit au grand, les chefs les plus capables à tous les points de vue.

C'est là une condition de salut dès longtemps reconnue, pratiquée, et qui faisait dire à l'illustre Vauban, qu'il faut récompenser les services et avancer le mérite.

A vingt-cinq ans, à dix-neuf ans même, le génie d'un Bonaparte, d'un Condé gagnait des batailles. Et combien, dans la dernière guerre, n'avons-nous pas vu de généraux, d'ailleurs pleins de bravoure, qu'une carrière laborieusement parcourue n'a pas empêché de se faire battre en tout occasion et par pure incapacité.

Il en est de même, dans une certaine mesure, pour les carrières de la magistrature, de l'administration et autres.

Nul n'y a droit, par lui-même, à un emploi quelconque. Et le droit du *mérite* individuel est tout à fait *conditionnel,* étant subordonné au besoin présent ou *éventuel* que la société peut avoir d'en faire usage.

Ainsi donc, dans le domaine de la politique, ou *de l'action*, nous avons tous des droits semblables, en cela qu'ils sont fondés pour tous sur la part de chacun dans le fonds social ; mais droits essentiellement inégaux, comme les parts d'intérêts dont ils dérivent.

Dans le champ des diverses carrières ouvertes pour le service de la chose publique, nos *droits*, tout à fait incertains, sont de plus subordonnés, d'une part, à l'utilité dont nous pouvons être, et, par conséquent, *éventuels*; de l'autre, au degré du mérite de chacun, et, par conséquent, *inégaux* encore.

De sorte que les seuls *droits* vraiment *égaux* chez tous, sont ceux que nous avons tous à la protection sociale et aux fraternels agissements de nos frères envers nous, ainsi que nous l'avons exposé.

Et c'est que, hors de là, en effet, il n'y a et ne peut pas plus y avoir d'*égalité* entre *les droits* qu'il n'y en a entre les hommes eux-mêmes. *La loi*, disait une revue anglaise, *la loi proclame l'égalité des hommes*, mais la nature y a mis son *veto*.

Et c'est que, dans la réalité des choses, en dépit de toutes les Constitutions passées, présentes et à venir ; de toutes les législations rêvées par les utopistes ou promises par les poursuivants de popularité ; à tous les points de vue, sous tous les rapports, naturels, sociaux, religieux même, l'*inégalité* est et restera la plus irrévocable loi de l'espèce humaine, telle que l'a faite sa déchéance.

Inégalité dans les avantages naturels, comme la beauté, la force, la taille, la santé, l'adresse...

Inégalité dans les facultés intellectuelles, comme la mémoire, l'esprit, l'imagination, la facilité, le génie de l'invention...

Inégalité dans les dispositions morales et religieuses, dans l'élévation des goûts, dans le caractère...

Et cette inégalité inhérente aux individus, nous la voyons se reproduire dans les positions sociales, où le hasard de la naissance joue le principal rôle, avec ces conditions diverses de parenté, d'alliances, de fortune, dernier élément dont la bonne ou mauvaise étoile des uns, le bien ou mal jouer des autres, changent, déplacent, bouleversent sans cesse les mouvantes assises, mais sans jamais amener entre elles un impossible niveau.

L'*égalité* devant la loi, vraie comme abstraction, disparaît elle-même dans la pratique, devant la manière de faire valoir sa cause, comme l'*égalité* aux yeux de Dieu, devant les mérites ou les démérites de chacun.

La religion nous prescrit sans doute, au nom de la révélation, de voir, dans tous les hommes, des semblables, des frères ; de les aimer, de les aider en toutes choses comme tels ; jamais elle n'a commis l'absurdité de les montrer comme étant tous égaux entre eux. Et n'oublions pas l'inégalité fondamentale que le Créateur a placée entre les deux moitiés du genre humain, l'homme et la femme, ces deux êtres issus d'une même chair, mais dont les rôles si différents sont irrévocablement fixés dès la naissance par l'indélébile diversité des organes.

Tous semblables par le principe constitutif de leur être et par la fin à laquelle ils ont été appelés, les hommes sont fatalement inégaux dans tout le reste.

Or, cette similitude à la fois et cette disparité des divers membres de la famille humaine dans leurs personnes doivent nécessairement se refléter dans leurs droits. Et c'est ce qui a lieu.

Car, en dehors du *droit égal* pour tous d'être protégé par la société à laquelle on appartient, tous les droits sont frappés d'une radicale inégalité qui se déduit, soit de l'*inégalité du mérite* personnel, pour les droits éventuels, soit de l'*inégalité de l'intérêt* pour les droits politiques ou d'action. Et l'inévitable effet de toute constitution ou législation qui mettrait une société en contradiction avec ces faits, c'est-à-dire avec les *réalités sociales*, en proclamant une égalité toute fictive, serait d'ouvrir sur elle la porte à toutes les tourmentes révolutionnaires ; car, selon la remarque de M. Guizot, *rien ne perd plus certainement les peuples que de se payer de mots et d'apparences.*

III

De la Démocratie.

La *démocratie* est la domination ou le gouvernement du peuple. Mais la valeur de ce mot se modifie selon les temps et les lieux.

Dans les anciennes républiques, où la population se composait d'un double élément, les hommes libres et les esclaves, la *démocratie* signifiait le gouvernement par les hommes libres pris dans leur ensemble.

Aujourd'hui, dans nos sociétés modernes, et depuis que le christianisme a fait disparaître l'esclavage du monde civilisé, le mot démocratie peut s'entendre du droit, inhérent à chaque membre de la société politique, de participer à son administration et à son gouvernement. Ce droit a de tout temps été reconnu en principe dans notre monarchie et reconnu par les décisions de l'Eglise. La diversité des formes sous lesquelles il s'est exercé en divers temps, et ses défaillances mêmes à certaines époques, n'atteignent en rien le principe qui n'a jamais pu être contesté.

La *démocratie*, en ce sens, est identique au *self-governement* des Anglais, à notre gouvernement du pays par le pays. Elle peut s'allier avec toutes les formes extérieures de constitutions. Elle a servi de base à nos organisations communales et provinciales, dans lesquelles ses éléments ne perdaient rien de leur caractère, pour se classer dans les trois ordres du clergé, de la noblesse et du tiers-état. Ces trois ordres, en effet, comprenaient toute la nation, et toute la nation était dans ces trois ordres, comme elle est toute aûjourd'hui dans les trois ordres de l'agriculture, de l'industrie et du commerce.

Dans ce sens aussi, comme c'est en dehors et au-dessus des partis politiques que la démocratie doit avoir. toute sa liberté d'action, c'est donc à la monarchie traditionnelle, qui, seule, n'est pas chez nous un parti, que devra se rattacher en France tout ami éclairé du droit universel dont ce mot est l'expression.

Que si par *démocratie* on entendait la prépondérance du nombre, abstraction faite de toute considération de l'avoir de chacun dans le fonds social, et de l'intérêt proportionnel qu'il doit ainsi prendre à la conservation, à la bonne gestion de ce même fonds ; si l'on voulait dire par ce mot que ceux entre les mains de qui se trouvent les principales parts ou actions du *fonds social* doivent être administrés et gouvernés par ceux qui en ont le moins, mais qui sont les plus nombreux, on énoncerait une monstruosité politique dont on tenterait vainement la justification par des exemples, par le dire de tel ou tel publiciste, par la tendance maladive des esprits de notre époque.

Une population, un ensemble de populations au milieu desquelles la *force* aveugle du nombre gouvernerait tout et déciderait souverainement de toutes choses, ne sauraient légitimement être désignées comme une société.

Le grand mobile, en effet, nous l'avons vu, qui maintient les hommes ensemble ou les porte à s'unir entre eux est l'*intérêt*. C'est un *intérêt*, soit religieux ou moral, soit matériel ou pécuniaire, qui se manifeste dans la formation et dans la conservation de toute société, depuis la famille et la tribu ou la communauté, jusqu'à la nation, soit seule, soit en confédération.

Mais si, dans toute société, chaque individu subit l'action de ce mobile, tous ne la subissent pas au même degré ou, en d'autres termes, tous n'ont pas une part égale ou de même importance dans l'intérêt commun.

Sous ce rapport, il en est exactement de la société politique comme de toute autre société commerciale, industrielle ou agricole.

Et, en effet, il n'y a pas de société politique dans laquelle la part d'intérêt de chacun ne puisse s'exprimer par une formule identique à ce qu'on appelle *action* (pour *droit d'agir*) dans les sociétés industrielles ou autres.

Chaque membre de la société politique, depuis le plus simple ouvrier jusqu'au propriétaire ou capitaliste le plus opulent, possède, sur le fonds de l'intérêt social, une part qui peut être considérée soit comme une simple action pour le premier, soit, pour les autres, comme une réunion plus ou moins considérable *d'actions* ou de *droit d'agir*.

Mais dès lors il est évident, en premier lieu, que le droit d'intervention de chacun dans les affaires publiques doit être en proportion du nombre plus ou moins considérable de ses *actions* ou de ses *droits d'agir*, soit de son avoir dans le fonds social ; et, en second lieu, que la représentation devant s'opérer d'après cette règle fondamentale, l'élection des représentants devra donc aussi s'accomplir, non point selon la *fiction* qui verrait dans toutes les voix des unités de valeur égale, mais suivant la réalité qui montre ces mêmes voix échelonnées entre elles d'après la quotité ou l'intensité de l'*intérêt* qui constitue le *droit d'agir*.

Partout où il en est autrement, partout où ces conditions inaccomplies laissent le mensonge, la fantaisie régner à la place de la réalité et du droit, l'homme d'Etat doit voir, dans le peuple ainsi fourvoyé, non plus une *société*, mais un incohérent rassemblement d'hommes, au milieu duquel, tôt ou tard, il n'y aura plus de place que pour l'anarchie ou le despotisme.

DES MINORITÉS

Les habiles d'entre les hommes à systèmes, qui veulent mettre, sinon de la *conscience*, au moins de *l'art* dans la réalisation de leurs idées, qui visent à la perfection des détails, tout en restant dans le faux pour le fond; ces habiles, disons-nous, se sont beaucoup inquiétés des droits et du sort des *minorités* dans le gouvernement représentatif.

On s'est évertué à prouver que les minorités devaient être représentées aussi bien que les majorités!

Mais alors à quoi bon aller aux voix pour savoir où la majorité se trouve? Pourquoi l'Assemblée législative ne se composerait-elle pas de députés envoyés par chaque parti républicain, libéral, bonapartiste ou autre, en nombre plus ou moins grand, selon l'importance numérique du parti? Ainsi, en effet, toutes les *opinions*, tous les *partis* seraient représentés dans une proportion en harmonie avec la place qu'ils occupent dans la population entière : on aurait une véritable représentation nationale au point de vue des *opinions*.

Ce serait sans doute faire de cette Assemblée le rendez-vous des partis et transporter dans son sein, pour l'y mettre librement en action, tous les éléments de discorde, tous les ferments de révolution que renferme la nation. Mieux que cela, ce serait ouvrir la carrière à leur libre explosion et la légitimer en même temps; les mouvements des partis dans la population ne manqueraient pas de se conformer à ceux de leurs représentants dans l'Assemblée. La révolution serait en permanence; tout gouvernement régulier serait à jamais impraticable; il n'y aurait ici que deux issues possibles, l'anarchie et le despotisme. Mais on serait d'accord avec le principe posé de la représentation des *opinions*.

Que si, pour éviter ce péril extrême, on maintient à la seule majorité, de quelque façon et en quelque sens qu'elle se manifeste, le droit à la représentation, il peut se faire que la moitié, moins un des électeurs du pays, n'appartienne pas à l'opinion régnante et soit sans représentants.

Il peut se faire même que cette *minorité* ne doive son infériorité apparente qu'à la pression du parti au pouvoir, toujours si efficace et dont le résultat est de faire mourir le scrutin, ou bien encore à l'abstention qui laisse le champ libre à l'action des minorités; d'où il suit que le pouvoir législatif peut se trouver et se trouve bien souvent en effet entre les mains d'une *minorité* transformée en *majorité* par la tyrannie du pouvoir ou la coupable inaction des masses.

Mais, dans tous les cas, il y aurait une partie considérable de la nation ou des électeurs qui ne serait pas représentée, qui pourrait voir toutes les dispositions législatives prises en opposition avec ses vues et peut être avec ses intérêts. Il y aurait dans le pays deux classes, comme à Sparte, celle des hommes libres et celle des ilotes ou des serfs, avec cette seule différence que les rôles peuvent ici passer de l'une à l'autre au moyen d'une petite révolution. Or c'est là, il faut en convenir, une inégalité de position qui a droit d'émouvoir la sensibilité nerveuse des hommes prétendant au sens politique. Mais à qui la faute? sinon à eux-mêmes qui n'ont jamais cessé de voir le beau idéal du gouvernement parlementaire dans la représentation des *opinions*, c'est-à-dire des *partis*, s'excluant l'un l'autre de leur mieux et à tour de rôle.

Lorsqu'on admet pour base ou pour point de départ une erreur, une fiction, il faut s'attendre aux conséquences plus ou moins funestes qui en dérivent et savoir les subir sans se plaindre, jusqu'au jour du retour au vrai.

Si, renonçant à l'erreur, à la fiction pour revenir à la réalité, nous établissons le gouvernement parlementaire, comme tout en fait une loi, sur la représentation des *intérêts sociaux*, dès lors nous voyons les *minorités*, non pas rentrer dans leurs droits, mais, ce qui est bien mieux, disparaître complétement pour ne plus faire qu'un avec les *majorités*; et voici comment :

D'après les données précédemment exposées, les *agriculteurs* d'un lieu quelconque se rassemblent au nombre de deux cents pour choisir un délégué de leur *ordre*, lequel, réuni ensuite à quatre-vingt-dix-neuf autres délégués du même *ordre*, coopérera avec eux à l'élection d'un député.

On débat plusieurs noms; mais la majorité des voix se réunit sur Pierre, à l'exclusion de Paul ou de Philippe que portait une *minorité* quelconque. Pierre est donc nommé contre l'intention de cette *minorité*. Mais qu'importe? Pierre est *agriculteur* comme Paul et Philippe. Il n'a avec eux qu'un même intérêt à servir dans l'élection future d'un député de l'ordre. La *minorité* et la *majorité* des élections primaires de ce lieu, n'ayant qu'un seul et même intérêt à faire valoir dans cette élection, celui de l'*agriculture*, devront se regarder comme également représentées par le délégué choisi, et il en serait de même pour l'industrie et le commerce.

Passons au choix du député.

Que les deux cents délégués des comices agricoles d'un canton se réunissent au chef-lieu afin d'élire un des leurs pour représentant; que le choix, un moment incertain, se fixe sur Baptiste au lieu de Barthélemy, le canton aura fourni à la représentation générale de l'*agriculture* un champion plus ou moins habile, plus ou moins éloquent ou expérimenté, soit, mais qui ne représentera pas moins la minorité de ses mandants que la majorité.

Il sera le député de la minorité tout comme de la majorité. Au nom de l'une comme de l'autre, il n'aura qu'un même intérêt à défendre, celui de l'agriculture. Il n'y aura donc plus de *minorité* non représentée, de minorité en souffrance, ou, plus explicitement encore, il n'y aura plus de minorité une fois passé le jour de l'élection.

CONCLUSION

—

En résumé, si l'on veut en revenir au vrai dans la représentation nationale, cette représentation devra être celle, non plus des *opinions*, mais des *intérêts sociaux*.

En dessous de l'intérêt religieux qui occupe le premier rang et dont les représentants naturels auraient leur place dans une chambre haute, on reconnaîtrait *trois ordres* distincts qui sont ceux de l'*agriculture*, de l'*industrie* et du *commerce*, chacun desquels devrait figurer dans la chambre élective par un nombre de représentants en rapport avec l'importance numérique de ses ayant-cause dans la population de l'Etat.

Ces représentants seraient élus par les délégués (au nombre de cent pour un député) des électeurs primaires (ceux-ci ayant concouru au nombre de deux cents au choix du délégué).

De telle sorte qu'il y aurait un représentant pour vingt mille électeurs et cinq cents représentants pour dix millions d'électeurs.

La chambre élective ainsi formée offrirait une exacte réduction de la nation considérée comme se partageant entre les trois ordres des *agriculteurs*, des *industriels* et des *commerçants*, lesquels renferment, à un titre quelconque, tout ce qui a un intérêt à faire valoir.

Ce serait la nation elle-même, représentée, dans une rigoureuse proportion avec ses éléments constitutifs, par les sommités des trois grands ordres secondaires des *intérêts sociaux*.

Et non-seulement on aurait ainsi une représentation vraie, en harmonie avec les réalités sociales; — non-seulement une représentation composée de personnages élus par les électeurs en parfaite connaissance de cause, — mais son existence mettrait à la fois un terme aux luttes des partis et aux partis eux-mêmes.

Avec la représentation des *intérêts sociaux*, le champ électoral cesse d'être une arène ouverte au choc, soit des partis entre eux, soit des divers partis de l'opposition ligués contre le gouvernement.

Les candidatures officielles disparaîtraient, par la raison que le gouvernement n'aurait aucun intérêt à ce que ce fût tel ou tel personnage au lieu de tel autre qui représentât, dans telle ou telle circonscription, l'intérêt de l'*agriculture*, de l'*industrie* ou du *commerce*.

L'esprit d'antagonisme, qui se manifestera toujours dans toute assemblée politique, ne pourrait plus ici avoir pour objet un pouvoir qui ne saurait être hostile à aucun *intérêt social*. Il ne pourrait plus être éveillé que par les prétentions rivales des divers *ordres* de ces mêmes intérêts et sur quelques questions de détails. Nécessairement renfermé dans ces limites, il ne saurait plus offrir aucun danger ni pour le pouvoir souverain, ni pour la société, dont il ne ferait qu'éclairer et assurer les actions combinées.

Et quelle différence entre cette représentation et celle des *opinions*, tant au point de vue de l'opération électorale que de ses résultats!

Et d'abord, si l'on veut être conséquent avec soi-même et ne pas faire violence au principe posé, dans l'une, celle des *opinions*, le vote doit nécessairement être direct; dans l'autre, celle des *intérêts*, il doit tout aussi nécessairement être gradué ou à plusieurs degrés.

Dans l'une, chaque représentant doit être directement élu par un ensemble d'environ vingt mille électeurs de toute opinion; dans l'autre, par cent délégués d'un même intérêt, et nommés chacun par deux cents électeurs primaires du même intérêt encore.

Dans l'une, il y a lutte des opinions, soit entre elles, soit avec le gouvernement, et le député choisi est le représentant d'un parti à l'exclusion des autres; — dans l'autre, le choix a eu lieu sans aucune lutte, et le député élu est vraiment le représentant de tout l'ordre d'intérêt auquel il appartient.

Dans l'une, il y aura toujours une partie considérable de la nation dont les *opinions*, pas plus que les *intérêts*, ne seront pas ni librement ni suffisamment représentés; — dans l'autre, au contraire, chaque intérêt social serait aussi complétement que librement représenté.

Au milieu du pêle-mêle de l'une, la condition du mandat est à peu près impossible à remplir; — et elle est des plus faciles dans l'autre.

Et c'est que, en deux mots, le premier système est une fiction antisociale, et le second une réalité positive; mais ce n'est pas tout.

Ce résultat inévitable du premier système est, d'abord, d'entretenir les partis, de les armer les uns contre les autres ainsi que contre le pouvoir, et de tenir ainsi le pays dans les conditions permanentes d'une révolution qui peut éclater d'un moment à l'autre; de forcer par suite le pouvoir à se mettre en état de défense par des restrictions arbitrairement apportées à tous les droits, à toutes les libertés dont on peut se prévaloir contre lui, la liberté de la presse, la liberté des votes, la liberté de l'enseignement surtout qu'il tiendra enchaînée sous la loi du monopole; — c'est de rendre par conséquent impossible le fonctionnement régulier du gouvernement représentatif par la nécessité où se trouve ainsi le pouvoir d'un incessant recours à l'intimidation, à la corruption, à la violence même, pour se maintenir contre les *opinions* et les passions conjurées; c'est, enfin, de transformer toute élection générale en une crise politique; d'en faire une question de vie et de mort pour le gouvernement, une menace de cataclysme social pour la nation toujours suspendue ainsi au-dessus d'un abîme.

Tout autres seraient les résultats dans le second système dont la mise en pratique substituerait, en toutes choses, la paix aux convulsions, l'ordre aux chaos, la hiérarchie à la confusion, et assurerait, avec le règne du droit, celui de toutes les libertés, de toutes les influences légitimes.

Sous l'empire d'une large et complète application de ce système, chacun des trois grands *ordres* des intérêts sociaux formerait comme une grande famille dans laquelle toutes les classes, toutes les positions se ralieraient entre elles par le besoin d'un même intérêt général à défendre et par l'incessante action d'une mutuelle assistance.

Une hiérarchie naturelle se reconstituerait librement en chacun de ces *ordres*, hiérarchie sans priviléges, à portes ouvertes, dont tous les échelons pourraient être montés par quiconque aurait pour lui le mérite ou le savoir-faire aidé du succès.

Ainsi de vastes économies pourraient se réaliser par la gratuité de tous les siéges dans les deux chambres, et par la suppression de l'enseignement d'Etat qui ferait place au libre enseignement.

Et il ne serait pas besoin d'une autre mesure pour voir la foi renaître peu à peu dans les âmes, les intelligences revenir à la notion d'une double nature dans l'homme, la critique historique s'unir à la philosophie pour reconnaître la nécessité et par conséquent l'existence d'une religion et d'une morale obligatoires, et l'unité se reconstituer progressivement dans les convictions au point de vue religieux comme sur toutes les questions qui peuvent intéresser le bien-être des populations uni à la pureté des mœurs, et la prospérité intérieure de la patrie avec la juste influence qui lui est due au dehors.

FIN

TABLE

—

Aperçus préliminaires............................... 5

Des Intérêts opposés aux opinions, etc..................... 13

Considérations supplémentaires : I. Du fonds social........... 41

     —   —   II. Des droits égaux........... 44

     —   —   III. De la Démocratie.......... 49

Des minorités.. 53

Conclusion.. 57

FIN DE LA TABLE

Toulouse, L. Hébrail, Durand et Cᵉ, imprimeurs, rue de la Pomme, 5

www.ingramcontent.com/pod-product-compliance
Lightning Source LLC
Chambersburg PA
CBHW051633060726
47597CB00004B/1554